JN411569

오늘의문학시인선 416

고촉사 범종소리

김창규 시조집

오늘의문학사

국립중앙도서관 출판예정도서목록(CIP)

고촉사 범종소리 : 김창규 시조집 / 지은이: 김창규. -- 대
전 : 오늘의문학사, 2018
p. ; cm. -- (오늘의문학시인선 ; 416)

ISBN 978-89-5669-899-1 03810 : ₩9000

한국 현대 시조[韓國現代時調]

811.36-KDC6
895.715-DDC23 CIP2018006172

고축사 범종소리

머리말 —

시조와 인연을 맺게 되면서, 조상의 얼을 찾기에 깊이 빠져 들었다. 먼저 발간한 3권의 시집도 소중하지만, 앞으로 써 내려갈 시조 작품도 그에 못지않게 소중하다. 이렇게 모인 작품 100편으로 시조집을 발간한다.

일제 강점기에는 일본 놈(?)들의 압박과 설움, 고통 속에 살았다. 쓰라린 생활은 말과 성까지 빼앗기고 죽지 못해 초근목피로 살았다. 신발이 없어 엄동설한에 맨발로 다니는 사람도 있었다.

해방과 6.25 사변으로 더욱 큰 어려움 속에 피난민이 줄을 이었다. 기차 지붕 위에까지 매달려 다녔을 때를 생각하면서 눈물지을 때가 있다. 이제는 노인의 인구가 증가하고 출산율이 떨어지면서 인구가 줄고 있다.

추억과 오늘에 마주치는 일들을 시조로 빚고 있다. 이 작업이 행복하다. 혹여 내 작품과 만날 독자들도 나처럼 행복하기를 빌며, 시조에 대한 작은 사랑을 밝힌다.

2018년 초봄 법산 김 창 규

차례

2부 화분에 고추를 심다

3부 저수지에 돌을 던지다

4부 물 같이 바람 같이

5부 펜싱, 극적인 금메달

6부 삶이 그대를 괴롭혀도

1부

국화꽃과 꽃배추

시루봉 오르는 길
부처님께 합장하고

도심에서 얻은 번뇌
산바람에 씻는다.

울창한
소나무 향기
종소리를 가꾼다.

고촉사 범종소리

우거진 산길 따라
두들기는 딱따구리

먹이 찾아 옮겨 가며
숲속을 헤매다가

고촉사
범종소리에
잠시 잠간 쉬어간다.

시루봉 오르는 길
부처님께 합장하고

도심에서 얻은 번뇌
산바람에 씻는데

울창한
소나무 향기
종소리를 가꾼다.

* 2연 시조

자벌레 경주

나뭇가지 우거진 곳
자벌레 떼 늘어서서

누가 빨리 달려가나
경주가 벌어졌다.

온몸을
길게 펼쳤다가
움츠리길 반복한다.

첫 여름 바람결에
소스라쳐 놀라다가

몇 시간 달려갔다,
지나간 길 다시 온다.

승자도
패자도 없는
왔다 갔다 그 자리.

* 2연 시조

행복 인연론

잡은 듯, 놓친 듯
인연은 거미줄이다.

애달픈 사연을 듣는다. '얼마나 고생이 많았을까, 얼마나 고통스러웠을까. 치매 걸린 시어머니 병수발에 가난이 겹쳐 마음대로 못하는 심정이 어떠했을까.' 살다보면 뜻대로 안 되는 일 너무 많아 괴롭다. '집집마다 행복도 찾아오고, 불행도 찾아오는 법, 잘 산다고 모두 즐거운 것은 아닐지니, 스스로 만족을 느끼면 기쁨이고 행복이리니, 서로 이해하고 합심하면 이승이 극락이리니.'

애달픈 사연 듣는데
어머니가 보인다.

* 사설시조

그리운 어머니 1

추운 날에도 그리워요.
더운 날에도 그리워요.

한결같이 자식 위해
희생하신 어머니.

당신의
따순 품안에서
건강하게 자랐습니다.

어느 날 떠나가신
어머니가 그립습니다.

바람소리 스쳐가도
어머니신가 놀랍니다.

꿈에서
불러 보아도
대답 없는 어머니.

* 2연 시조

그리운 어머니 2

열 달 동안 고이 길러
고통 겪어 얻은 자식

입속에 넣었던 것
다시 꺼내 주신 어머니

당신의
거칠어진 손
굽은 허리 눈물빛.

어머니 육신 앞에
고통만 남겨 드리고

신음소리 들릴세라
숨죽여 눕던 모습

두 글자
사랑이란 말이
뼈에 남아 겹습니다.

* 2연 시조

행복한 가정

사이 좋던 사람도
화를 내면 망신살.

지혜로운 선인들은
지는 것이 이긴다며

허물을
말하지 말고
고운 마음 나누셨다.

처갓집 말을 말고
시집 얘기 하지 말자.

마음이 편안해야
집안이 잘 나간다.

자녀도
본을 받아서
효자 효녀로 자란다.

국화꽃과 꽃배추

대웅전 앞뜰에도
국화꽃을 심었다.

하늘 아래 보문산에
가을 아씨 납시었다.

꽃배추
함께 앉아서
공기놀이 하는 걸까?

좋은 사람과 싫은 사람

아름다운 꽃밭에는
벌 나비가 날아오고

더러운 시궁창에는
파리 모기 찾아온다.

서로가
정의롭게 살면
극락정토 여기다.

가을 운동회

미국의 원조 받아
강냉이 죽 먹었다.

부모님이 싸 주신
점심도 맛있지만

달리다
죽을 먹으면
가을 하늘 높았다.

* 초등학교 운동회 날은 면민들의 큰 자치 행사였습니다. 가난한 생활 속에서 십리 이십 리 길이 넘는데도 농촌에서 많은 음식을 장만하여 가족들이 모두 참석하여 부락민들 경주는 물론 자식들의 운동경기를 응원하기 위하여 모여 들었습니다. 청군 백군으로 나누어 외치는 함성은 운동장을 뫼었으며 맑은 하늘높이 솟아올랐습니다.

귀뚜라미

서늘한 가을바람
국화꽃 향기롭고

귀뚜라미 울음소리
말갛게 들려온다.

허물을
벗고 자라서
울어대는 수컷들.

* 가을 풀벌레들의 울음소리 중에 귀뚜라미 울음소리가 가장 맑고 아름답게 들려오면, 가을이 더욱 깊어감을 느낀다. 귀뚜라미는 대략 7번 정도 허물을 벗고 나면 다 성장된다. 허물을 벗은 수컷만 운답니다.

퇴원한 그 후

입원한 지 달포 만에
수술 받고 퇴원한다.

고령이라 회복 늦어
조용히 혼자였다.

그래도
찾아주신 분께
감사 인사 드린다.

* 그동안 바쁘신 중에도 병원 원장님과 김희수 총장님께서 다녀가셨다. 나는 뵙지 못했지만 너무나도 고마웠다. 이제 정상적으로 빠른 회복을 바랄 뿐이다 인근 병원에서 재활치료를 열심히 하여 생각 외로 회복이 빠르다. 일 년이 지난 지금도 내가 살아 있는 거냐고 가끔 질문을 한다.

기후의 변화

세월이 갈수록
가을이 짧아진다.

더위가 지속되니
단풍잎이 늦된다.

여름이
가는가 하면
겨울이 성큼 온다.

버스 승객과 운전기사

승객과 운전기사
차비 문제 다툼질

가만 보니 너무 했어.
동전 몇 개 던지는 놈

없다고
우겨대는 놈
운전기사 하소연.

* 버스를 타고 수십 년을 출퇴근 하는 동안 승객과 운전기사 간에 대화는 주로 차비 문제다. 차비를 안내고 쓸데없는 말과 욕지거리로 다투는 것이다. 보다 못해 뒤에서 젊은 남녀들이 대신 차비를 내주는 것을 가끔 보았다. 나도 서너 번 내준 적도 있다.

죽음

부자든지 가난하든지
때가 되면 죽게 마련,

언제쯤 그날이 올까
어떻게 다가올까

고촉사
49재 드릴 때
건강 빌며 손 모음.

* 모든 생명체는 때가되면 죽기 마련이다. 고촉사에서도 가끔 49제를 지내지만, 젊은 사람도 병고보다 교통사고 사망률이 높은 것을 보면, 죽음은 마음대로 못하기에 순서가 없다. 건강하고 행복한 삶이 되시기를 바랄 뿐이다.

호두나무와 청설모

호두나무 한 그루가
무성하게 자랐다.

열매가 열리자 마자
청설모가 훼방한다.

망으로
덮어씌워서
맛이라도 보겠다.

* 몇 년 전부터 열매가 열기 시작했다. 해마다 열매가 많이 열리고 자라는 모습을 오고가며 눈 익혀 보았다. 삼년 전에 나무에 열린 호두가 2일 만에 전부 없어졌다.주인에게 물었더니 청설모가 떼를 지어 따갔다고 한다. 일년 후에는 나무를 전부 망으로 덮어씌우고 주위에 냄새나는 약을 뿌렸더니 수확을 했다고 한다.

개미들의 협동 정신

소나무 껍질 벗겨보니
솔개미 수천 마리

장작을 쪼개려다
하루 이틀 말미 줬다.

그들도
살 곳을 찾아
가족 동반 숨더라.

* 소나무 껍질을 벗겨보니 솔개미 수천 마리가 나무 껍질 속에 살고 있었다. 그것도 며칠 전에 땔감으로 싣고 온 나무와 같이 온 것이다. 장작을 쪼개려다 우선 나무껍질을 반 정도 쳐들어서 개미들이 갈 곳을 정하도록 시간 여유를 하루 동안 주었다. 개미들도 알았는지 그 다음날 한 마리도 남김없이 어디로 이동하였다.

들풀

뜯기고 짓밟혀도
좌절하지 아니하고

폭풍이 몰아치면
누웠다가 일어난다.

시련을
견딘 들풀이
꽃대 하나 세운다.

* 풀은 아무데나 자라지만 강하다. 찢기고 베이고 짓밟혀도 쉽게 좌절하지 않고 포기하지 않으며 인내심이 강한 생명체다. 큰 나무는 폭풍우가 몰아치면 가지가 부러지고 쓰러지면서 곁에 있는 나무까지 않고 넘어져 뿌리까지 뽑히고 공동으로 말라죽는 수가 있다. 풀은 폭풍이 몰아치면 누웠다가 다시 일어난다.

집들이

이사 온 이웃에서
떡 그릇을 돌렸다.

낯설은 사람들과
정겹게 살고 지고

풍습도
아름다워라.
웃음 짓는 얼굴들.

* 집들이를 하게 되면 친척과 동네 사람들을 초청하여 잔치를 하였다. 떡을 하여 가까이 있는 이웃에 이사 왔다고 떡을 돌리며 인사를 했다.

한글 공부

세월을 거슬러서
이모작을 짓는다.

시기 놓친 공부도
하고 싶던 예술도

뒤늦게
활력을 찾은
할아버지, 할머니.

* 노인 중 여자분들은 학교를 못 간 분들이 많다. 까막눈이기에 편지가 와도 못보고 이웃집으로 가서 읽어 달라고 부탁하는 때도 있다. 어려웠던 시절 커서 시집이나 가면 되지 무슨 공부냐고 학교를 보내지 못했다.

인생길은 달빛 속에 구름

인생길은 달빛 속에
구름처럼 떠돈다.

잔잔한 바다 위에
몰아치는 험한 파도

일들이
순조로울 때는
마음에도 무지개.

2부

화분에 고추를 심다

구름이 흘러가고
바람이 불어와도

꽃이 피고 지듯이
인연은 셀 수 없다.

인생은
몇 구비일까?
돌아봐도 가없다.

호칭

공동체를 생각하면
호칭이 묘하다.

나 하나의 서방님을
친척에도 쓰이고

하나인
여보 당신을
남한테도 쓰고 있다.

* 의문스런 호칭은 많다. 할머니 할아버지 언니 오빠 이모 삼촌 아저씨 아가씨 등이다. 혈연관계가 없는 외관인에게 공동으로 쓰고 있다. 할아버지 할머니는 어르신으로 바뀌고 있는 중이다.

목숨보다 귀한 친구

그리스의 일등 효자, 걱정스런 부모님.
친구가 보증 서서 가석방이 되었다.
사형장, 대신 선 친구, 다몬이 그립다.

* 기원 4세기 그리스에 피시아스라는 젊은이가 교수형을 당하게 되었다. 효자였던 그는 집에 돌아가 연로하신 부모님께 마지막 인사를 하게 해달라고 간청했으나 허락하지 않았다.
  피시아스의 친구 다몬이 보증을 선다며, 사형수인 친구가 돌아오지 않을 경우 대신 교수형을 받겠다고 자청하여 왕은 어쩔 수없이 허락했다. 다몬은 기쁜 마음으로 대신 감옥에 갇혔다.
  어느덧 사형 집행일이 되어도 피시아스가 돌아오지 않았고, 사람들은 다몬을 바보라고 했다. 교수대로 끌려나와 그의 목에 밧줄이 걸리자, 다몬은 "나의 친구 피시아스를 욕하지 마라. 당신들이 내 친구를 어찌 알겠소?" 라고 외쳤다.
  사형 집행 직전 멀리서 누군가가 말을 재촉하며 달려오며 고함을 쳤다. 피시아스였다. 이것을 지켜본 왕은 사형수의 죄를 사면해주었다.
  왕은 "내 모든 것을 주더라도 이런 친구를 사귀어 보았으면 좋겠다."고 하며 두 친구의 인생은 헛되게 산 것이 아니라고 말했다.

지나친 욕심은 화가 된다

나이 먹어 노인 되면
귀찮고 몸 아프다.

의욕도 없어지고
버리고 싶어진다.

그래도
먹거리 하나는
정갈하게 빚는다.

* 요즈음 떠들썩하던 계란 살충제가 농장을 뒤흔들고 있다. 오류투성이 친환경 인증이 오락가락, 충실히 생산한 농장까지 피해를 보고 있다. 사람은 항상 진실하게 살아야 하는데, 욕심 때문에 성실한 사람도 피해본다.

인생길은 몇 구비인가

구름이 흘러가고
바람이 불어와도

꽃이 피고 지듯이
인연은 셀 수 없다.

인생은
몇 구비일까?
돌아봐도 가없다.

* 바람이 없는 천지에 아름다운 꽃이 필 수 없고 이슬이 내리지 않는 곳에 열매가 맺지 못한다. 그러나 봄 여름 가을 겨울이 있듯이 자연스럽게 살아가는 것이 인간의 삶이 아닌가?

보문산 고촉사

긴 골짝 오솔길을
바람 따라 오르면
하늘 높은 나무들이
길에 서서 맞는다.
외롭고
답답한 사람들
기도 도량 고촉사.

은은하게 들려오는
산사의 목탁소리
자비가 쌓여 있고
정성이 펼쳐 있다.
나무 숲
예불소리에
마음 여는 종소리.

갑자기 내린 소나기

햇살 밝던 산등성이
먹구름이 몰려왔다.

갑작스레 내린 물이
골짜기를 막아선다.

스님네
오시는 길에
우산이나 들었을까?

건강은 밥상에도

예식장의 뷔페 식당
수만 가지 음식들

배불리 먹다 보니
고생하는 소화불량

다 먹고
다시 먹으며
수다 떠는 시간들.

비속에 산을 내려오다

서서히 내리던 비
갑작스런 장마비

계곡물은 넘치고
오솔길은 물바다

다니던
길이라 해도
폭포수에 놀란다.

* 큰 물이 흘러서 위험하였다. 굽이굽이 길 따라 내려가는 물줄기가 폭포수처럼 달린다. 천둥과 번개가 계속 이어져 하늘이 구멍이 났나 계속 쏟아지는 빗속을 걸어 내렸다. 몹시 불안하였다.

수국과 물의 인연

수국은 물 국화로
불도화를 꼭 닮았다.

향기를 지녔지만
물 없으면 곧 시든다.

시들어
죽어가다가
물병에서 살아난다.

* 수국은 어떤 역경에도 청정함을 지켜낸다. 수국은 스스로 꽃 빛깔을 다양하게 바꾼다. 우리의 삶과 다를 바 없다. 줄기를 베어내면 많은 새싹이 나와 무성하다. 산불이나 나무가 다 타죽었어도 죽지 않고 계속 새싹이 나와 끈질김을 과시한다.

다정한 친구

아침부터 늦게까지
언제나 같이 있다.

잠 잘 때 떨어졌다가
눈 뜨자 또 찾는다.

온 세상
변하는 일들이
전화 속에 담겼다.

* 시대의 변천에 따라 정보화시대 스마트폰은 걸어다니는 다정한 친구이고, 비서나 백과사전으로 잘 활용할 수 있다.

기우제의 의미

극심한 가뭄으로 농작물이 말라죽는다.

아무리 인간이 영리하다 하여도 자연의 혜택이 없으면 살아가기가 어렵다. 옛날에는 하늘만 쳐다보던 때에 비해 지금은 저수지물을 끌어올려 산중턱이나 넓은 들판에도 물이 흘러간다. 그러나 저수지가 마르면 아무리 좋은 지혜도 무색하다. 칠년 가뭄에 비 아니 오는 날이 없다는 식으로 비다운 비가 와야 한다. 세계 어느 나라에도 가뭄에는 뾰족한 수가 없다. 그러기에 기우제가 있다. 나라마다 가뭄은 있기 마련, 농작물이 타들어 가면 비로소 기우제가 시작된다. 기우제가 시작된 후 7일 이내에 비가 와야지, 오지 않으면 정성이 부족하다며 다시 지낸다.

장마가 시작되면서 비 피해로 걱정한다.

* 사설시조

시골 보릿고개의 여름

밤하늘 별 빛나고
개구리 소리 요란하다.

양은 큰 그릇에 보리밥 푸고 열무와 애호박 풋고추 된장과 고추장을 섞어 비벼먹으면 배고플 때는 꿀맛이다. 무생채 부추무침과 겉절이는 보리밥과 궁합이 잘 맞는다. 어린 시절 청보리 목을 잘라 모닥불에 구운 뒤 손바닥으로 비벼 껍질을 후후 불어내고 먹었다. 말랑 말랑한 풋보리알 달치근한 맛 얼굴에 검정칠 해가며 시간가는 줄 모르고 먹다가 멀리서 주인의 목소리 들리면 달아나기 바빴다. 옛날 보리서리의 추억이다.

요즈음 젊은 사람들은
고려시대 얘기란다.

* 사설시조

산속 나무와

산속의 맑은 공기
건강을 불러온다.

보문산 고촉사 가는 길, 산에 간다니 기사는 잘 아는 사람이 폐암으로 6개월 밖에 못산다는 사형선고, 이 사람은 매일 도시락을 싸 가지고 산에 가 하루 종일 산속을 거닐다가 날이 저물 때 집에 왔다. 이렇게 일 년 후 병이 나았다. 십년이 지난 지금은 건강한 모습으로 잘살고 있단다. 차를 모는 것보다 뒤에 탄 나를 자주 보며 열변을 한다. 운전기사도 시간만 있으면 산에 간단다.

나무는 변하지 않고
그 자리에 있을 뿐.

* 사설시조

전화 인사

통화 속에 하는 말
궁금증을 풀어준다.

소통하는 대화 속에
마음을 나눈다.

지금은
사진을 보며
얼굴색도 살핀다.

오늘 내가 할 일

오늘 내가 할 일을 내일로 미루지 마라
미루던 하루 일이 열흘이나 간단다
지난 밤 저물어간 해가 아침이면 솟는다.

꿈속에 쌓아가던 만리장성 사랑탑에
오늘도 희망 찾아 발걸음이 가볍다.
만나는 사람들에게 희망 주는 눈웃음.

오늘이 지나가면 내일이 온다기에
뜻이 있는 일을 해야 마음이 편해지지.
내일은 좋은 일들로 가득하길 기원하며.

* 장별 배행 3연시조

양보하는 마음

달려가는 사람 앞을 가로막아 서지 마라.

길을 양보하는 사람의 지혜를 잘 생각해 본다. 양보하는 마음, 옛날에는 어른들이 길을 가면 잘 모시고 지나간 다음, 자기 길을 갔다. 예의가 무너졌어도 길을 갈 때 양보심은 있어야 한다. 급한 일이 있어 가는 사람, 입장에 따라 가는 길이 달라도 양보심이 있을 때 말을 안 해도 서로가 편안하다.

어느 날 내가 급하면 누구에게 호소하랴.

* 사설시조

아카시아 꽃과 꿀

아카시아 맑은 꿀은
애음자가 찾는다.

아카시아는 5월 중순부터 6월초까지 꽃이 만발한다. 보문산에 화려한 벚꽃이 지고나면 산은 푸른 색깔로 변해가면서 벚꽃 길도 하얀 눈처럼 아름답지만 아카시아 꽃이 피면서 벌떼 소리가 요란하다. 비행기 수천대가 멀리서 내는 요란한 소리처럼 북새통을 이룬다. 아카시아 꽃잎이 떨어져 바람결에 양쪽으로 치우치면 꽃잎이 눈처럼 쌓인다. 그 무렵이면, 고촉사 주변 양지바른 곳에 소나무가 우거져 노란 송홧가루 바람에 휘날릴 때, 음지에 자리잡은 아카시아 꽃잎이 산을 하얗게 수놓는다.

향기에 취한 사람들
해 저문 줄 모른다.

* 사설시조

더위와 친구가 되라

삼복더위 무덥다고
짜증내면 더 무덥다.

추운 겨울 생각하면
잠시나마 잊으리라.

더위를
잊는 순간만은
불평불만 흘러간다.

화분에 고추를 심다

화분에 고추모를 사다가 심는다.

며칠 사이 고추모가 쑥쑥 커간다. 거름도 주고 조건을 잘 맞추어주면서 많은 열매를 맺는다. 정성을 들여 가꾸었더니 나누어 먹게 열린 고추.

화분의 고추나무도 무성하게 자란다.

* 사설시조

대인과 소인

크게 될 나무는
떡잎부터 다르다.

아끼고 저축하여
통장을 불리면

정성을
다한 보람이
태산처럼 모인다.

3부

저수지에 돌을 던지다

세월의 무상함과
몰아치는 북풍한설

풍파 속에 이겨낸
만고풍상 겨울나무

정이품 소나무 보며
돌아보는 자신들.

새것과 헌것

새것에는 새것대로
새로운 맛이 나고

묵은 것은 그것대로
몸에 익어 푸근하다.

햇빛이
어제 오늘 다르듯
세상 만사 마음 나름.

은행나무

게을러서 늦게 돋는
은행나무 이파리.

무럭무럭 자라나서
여름 잡는 그늘 아래

가을에
잎이 지고 나면
은행알이 후두두.

평범한 부부의 이야기

머리에 수술 마친
집사람이 부탁한다.

"일찍 갈지 모르니
밥하는 연습해요."

아내의
충언를 따르며
뒷바라지 힘들다.

느릅나무

나무들이 우거져야
산다운 산이 된다.

느릅나무 껍질은
유용한 약이었다.

씁쓰름
좁쌀 씹는 맛
약효만은 1등상.

* 느릅나무 껍질은 긴요한 약재로 사용되었다. 해방 직후 느릅나무 껍질을 절구통에 부수어 가루를 만들고, 이를 우려서 끓이면 붉은 풀대가 되어 엄청 차졌다. 먹으면 떨뜨름한 좁쌀 씹는 느낌이었다.

저수지에 돌을 던지다

얼음이 꽁꽁 얼면
두께를 시험한다.

음의 두께를 시험하기 위해 돌을 던진다. 소리를 내며 돌은 얼음 위를 달려가고 얼음에 금이 가는 소리가 요란스럽다. 몇 번 정도 시험하면 소리가 없다. 이제 금이 갈 곳은 다간 모양, 얼음 위를 조심조심 걸어가 본다. 사람들은 썰매도 타고 팽이도 치고 즐거운 얼음판 놀이였다.

곳곳에
스케이트장
금메달이 보인다.

* 사설시조

소풍

소풍은 봄과 가을
즐겁게 가는 것

도시락을 싸서 들고
정 나누던 그 시절

지금은
유치원생도
바다 건너 떠난다.

* 지금은 유치원생도 제주도에 가서 2 3일씩 자고 오는 시대로 변하였다. 중고생들은 중국이나 일본으로 여행을 떠난다. 지금은 모든 단체들이 해외여행을 가는 것이 보통으로 안다.

산나물 이야기

해방과 육이오 사변
시골도 힘들었다.

몇 년 동안 가뭄과 흉년으로 인해, 나물을 주식삼아 먹 자운영 꽃이 필 때, 사오월이면 논에 돋아난 나물과 산나물로 밥상은 된장 고추장으로 가득 찼다. 봄이면 길가의 쑥이며 냉이 달래 씀바귀 머위 자생하는 자연산 나물들과 산나물들을 뒤섞어 많이 뜯어 말리어 겨울에 반찬삼아 먹었다. 산에는 햇나물 개미취 나물취 다래순 곤드래 떡취 우산나물 고사리 등 많은 나물들, 이제 이름도 다 잊었다.

지금은 건강식품으로
식당에서 사먹는다.

* 사설시조

초행길

태어나서 처음부터 초행길이 열린다.
멀고도 고달픈 길 그게 바로 인생길
수없이 걸어가면서 돌아봐도 초행길.

시골의 봄

어느 곳을 가거나 꽃들이 맞이한다.
산수유 개동백에 살구꽃 진달래가
꽃 속에 노래를 담아 손짓하는 시골길.

추억 속에 사라진 서리

어린 시절 저녁에는 모여 놀다 서리한다.
서너 명이 떼를 지어 장남삼아 하지만
주인이 너그러우면 용서받는 이야기.

금슬 좋은 원앙새

요즈음 황혼 이혼
급증하는 가정 파탄.

시대의 변천이라
막을 수 없겠지만

원앙새
함께 놀 듯이
금슬 좋게 살아요.

칼바람에도 봄은 온다

햇살이 밝아지면 여기저기 꽃소식
기나긴 겨울 속에 잠을 자다 찾아온다.
봄 축제 꽃바람 타고 마을마다 봄맞이.

빈손으로 가는 인생

삶을 위해 노력해도 어느덧 해가 가고
자연 속에 세월 흘러 허망한 인생길
주야로 흐르는 물도 흘러가면 못 온다.

건강

재산을 잃은 사람
아껴 쓰면 될 것이고

명예를 잃은 사람
되찾으면 될 것인데

건강을 잃은 사람은
되찾기가 힘들다.

포기하지 말고

싫증이 나더라도 포기하지 말 일이다.
100도에 물이 끓듯 부족하면 모두 허사.
순간이 한계점이다.
최선 다해 살아라.

* 초장 중장은 장별 배행, 종장은 구별 배행.

겨울나무

세월의 무상함과
몰아치는 북풍한설

풍파 속에 이겨낸
만고풍상 겨울나무

정이품 소나무 보며
돌아보는 자신들.

정월 방생 법회

방생축원 불자님들 마음이 담겨있다.

거제칠천도 방생은 배를 타고 3시간이상 승선, 배 안에서 법회가 진행되다. 법회가 무르익을 무렵 바라춤은 많은 불자님들의 눈동자를 한데로 모아 우레 같은 박수가 배안에 울려 퍼져 푸른바다를 메워나갔다. 각자 방생은 순서적으로 뱀장어 두 마리씩 바다 깊숙이 헤엄쳐 가도록 스스로 놓아 주었다. 불자들 230 여 명의 소원성취 용왕님도 감동하였으리라.

부처님 도와주소서, 스스로 깨치소서.

* 사설시조

한 끼 밥

단체에서 운영하는 급식소의 봉사자들
맛있게 드시는 분, 손이 바쁜 사랑의 힘
시간에 맞추어 와서 기다리는 저 행렬.

덕을 쌓는 길

남에게 베푼 사람
마음 편히 살아가고

남의 것을 앗은 사람
발 못 뻗고 잔단다.

겉모습 알 수 없어도
결이 다른 사람들.

염화칼슘

산중이라 눈 내리면 오랫동안 걱정한다.
강추위가 계속 되면 빙판길이 무섭다.
뿌리는 염화칼슘도 뒤 늦어 허사이고.

4부

물 같이 바람 같이

꽃들과 모든 나무
더불어 살아간다.

푸르고 아름답게
양보하며 가꾸는 산

사람도
저렇게 살면
그 얼마나 좋을까?

간병

긴 병에 효자 없듯
간병은 힘이 든다.

간이침대 누워 자며
간병을 하다 보면

정신적
육체적으로
고통 받아 쓰러진다.

택배

오후에 갈 터이니
집 비우지 말라는 전화.

며느리가 보내주는
필수품이 도착했나?

효심을
대신 전하는
택배 전화 고맙다.

아름다운 산

꽃들과 모든 나무
더불어 살아간다.

푸르고 아름답게
양보하며 가꾸는 산

사람도
저렇게 살면
그 얼마나 좋을까?

* 전쟁터에서 백만 대군을 이기기보다 자기 자신을 이기는 것이 가장 뛰어난 승자입니다.(법구경에서)

정유년 생강차

새벽잠을 설치고
생강차를 준비한다.

해맞이로 오는 분을
맞이하는 마음이다.

스님들
새해맞이 법회
깊은 뜻을 헤아린다.

새해 태양은 다시 떠오르고

새해맞이 태양은
새 희망을 품고 온다.

또 다시 뛰어 올라
새 희망을 가지란다.

우리도
힘을 다하여
태양 따라 달린다.

밥 한 끼 얻어먹기 어려워

"집에 오는 손님들을
문전 박대 하지 마라."

우리도 옛날에는
인정을 나누었다.

살기가
어렵다고 해도
이웃들을 돕고 살자.

세월을 보내면서

흘러가는 세월은
바람처럼 지나간다.

한 많은 고민 속에
쌓이는 번뇌 망상

궂은 비
풍파 겪으며
소원 비는 새해 다짐.

촛불의 힘

바람 불면 잘 꺼지는
나약한 촛불인데

2016년 12월 3일
촛불집회 232만 명

누구나
촛불이 되어
어둔 세상 밝혀야지.

매미의 울음

인적이 드문 산길 바위 사이 울창한 숲
산사의 풍경을 상징하듯 겹겹이 선
나무에 요란한 울음, 매미들의 짝짓기

여름 한 철, 나무에서 울어주는 매미들은
봄가을을 모르고 마감하는 그들의 삶
너무나 서글픈 세월, 여름 한 철 목 놓다.

가지에 매달려있는 매미의 텅 빈 허물
불교에서 말하는 공의 상징 아니던가.
매미의 설움과 번뇌 망상 또한 이런 것.

* 장별 배행 3연시조

빗방울과 바다

바닷물도 물방울이 하나하나 모여서
물방울이 흘러들어 개울과 강이 되듯
자연에 순응하는 것이 이치에 맞는 것.

욕심 주머니

욕심의 주머니는 밑이 터져 있기 마련
그래도 주머니에 무엇이든 넣게 마련,
나무는 꽃을 버려야 좋은 열매 맺는다.

충분하다 말하고, 고마운 줄 알아야지,
지위가 높아지면 자만하게 마련이다.
빗물은 강을 버려야 넓은 바다 이른다.

* 두 수의 종장은 '화엄경' 속의 말씀을 활용.
장별 배행 2연시조.

인생이 사는 세상

눈을 뜨면 생존 경쟁
하루해가 저문다.

산에는 산짐승들
물에는 물고기들

사람은
살기 위해 먹는가?
먹기 위해 사는가?.

둥근 달과 물

둥근달은 하나인데 달라지는 물속의 달
손으로 잡으려다 헛손질에 웃고 사네.
내 눈에 비친 저 달과 내 마음 속 흐린 달.

가을에는

단풍이 곱게 들고
오곡백과 무르익네.

어린 시절 무상하게
공부 할 길 놓쳤었네.

나 혼자
책을 읽으며
온갖 궁리 다 하였네.

지진과 태풍

한반도는 안전한가?
지진에 놀란 가슴

2016년 9월 12일 경주에서 5.8 규모의 강진 발생 이후 400여 차례 여진이 계속, 우리도 안전지대가 아닌 것이 아쉽다. 국민들의 마음이 어수선한 중에도 계절에 따라 따가운 햇살에 들녘에는 어느덧 황금빛으로 물들어 가고 있는데, 9월에 있던 태풍이 예외로 10월에 오다. 태풍 차바가 찾아와 울산 부산을 강타, 물폭탄이 물난리로 이어져 많은 피해를 주고 지나갔다. 인명피해는 물론 수백억의 재산 손실을 남기고 사라졌다.

자기만 알던 사람들
마음 모아 봉사하네.

* 사설시조

행복한 사람

진리를 알게 되면
이해하고 양보하며

한량없는 공적으로
자비를 베풀었네.

기쁜 일 슬픈 일 찾아
함께 나눈 인정들.

바람처럼 물처럼

어제는 지나간 오늘
내일은 찾아갈 오늘

미루지 말 일이니
자연처럼 살 일이니

감추고
보태지 마라
바람처럼 물처럼.

채울 수 없는 그릇

밥을 담으면 밥그릇
국을 담으면 국그릇

본분대로 사는 것이
순리 따라 사는 것

탐욕은 죄를 만들고
죄가 모여 사망한다.

생김치를 먹어보자

초겨울 김장철에
손 바쁘게 담은 김치

땅에 묻어 숙성시켜
이웃과 나누던 정

이제는
어디에서 찾나
고향에도 빈 자리.

백 포기 하던 집이
열 포기로 주저앉네.

냉장고에 넣어두고
자기들만 먹고 사네.

김치는
반찬이지만
상부상조 나누던 정.

주인 없는 세상

강물을 따라가도
사공은 보이지 않고

불어오는 바람에도
기척 없는 나루터

주인도
없는 나루에서
하늘 바라 키 재기.

5부

펜싱, 극적인 금메달

의견이 안맞는다
비판하고 헐뜯지 마라.

입장을 바꿔 보며
그 사람을 이해하자.

자비를
베풀고 나면
그 사람도 따라오리.

펜싱, 극적인 금메달

유난히 무덥던 날
가슴 벅찬 금메달

펜싱에서 박상영이
극적으로 승리했네.

최선을
다한 선수에게
박수치며 자축하네.

미워도 다시 한 번

의견이 안 맞는다.
비판하고 헐뜯지 마라.

입장을 바꿔 보며
그 사람을 이해하자.

자비를
베풀고 나면
그 사람도 따라오리.

아내의 흐느낌

남편이 마음 상할까
혼자 앓이 수십 년

뇌종양 수술한 것이
재발하여 입원행

아내의
흐느낌 전화
젖어 오는 눈시울.

* 아내는 수술날짜가 계속 연기되어 집 걱정이 되는 모양이다. 나의 식사문제로 고심 중 아침에 일찍 전화가 왔다. "아침식사는요?" "처음해본 밥이라 좀 질고 찬은 준비해준 된장찌개로 간단히 해결했어." 잠시 전화가 중단, 아내의 흐느낌 전화를 끊는다.

고향하늘

후미진 험한 골짝
소리 높은 물소리

친구들 웃음소리
지금도 들려올 듯

세월은
서둘러 가는데
우물쭈물 망설임.

잠과 졸음

잠을 자는 그 사이에
생산적 활동 멎고

졸음 운전 짧은 사이
생명을 위협한다.

정해진
규칙을 따라
활동하면 참 행복!

흐르는 물

깊은 물과 얕은 물은 흐름이 다른 것
바닥 얕은 개울물은 소리 내어 흐르지만
깊고도 너른 바다는 소리 없이 흐른다.

빈 수레는 시끄럽고 찬 수레는 조용하다.
어리석은 사람은 말라가는 연못이다.
사람은 지혜를 모아 가득한 못 일구자.

가로등

가로등 불빛 아래
말없이 걷는다.

착한 마음 가지면
악도 선이 되는 것

밝음을
기다리지 말라
찾아가서 만들라.

꾸준한 노력

어렵다 생각 말고
꾸준히 실천하라.

쉽다고 방심 말고
꾸준히 노력하라.

성공은
때로 느리다.
기다릴 줄 알아라.

흐르는 역사

무게 있는 역사는
오래도록 머물지만

가벼운 역사는
순식간에 날아간다.

역사는
기록 속에서
우리들을 깨우친다.

차 한 잔

하얀 눈을 바라보며
따끈한 차 한 잔

쌓여가는 미움 위에
정한 마음 다시 쌓아

욕망과
탐욕을 깨끗이
씻어 내는 차 향기.

변함없는 자비

물이 썩은 호수에도
환한 달이 나타난다.

비바람 몰아치고
눈보라 휘날려도

자비의
마음을 모아
진리를 깨우치리.

삶이란

우리들이 살면서
마음속에 가둔 일들

가장 슬픈 일들이 있을 때, 가장 어려운 일이 있을 때, 가장 서운한 일이 있을 때, 가장 괴로운 일이 있을 때, 가장 복잡한 일들이 많을 때, 이 모든 일들이 없어져 기억이 나지 않을 때가 있다.

행복을 스스로 느껴
꿈결처럼 흔들림.

* 사설시조

말조심

사람은 입안에도 도끼를 갖고 있다.
어리석은 사람은 자신 찍은 그 도끼.
낮말은 새가 듣는다, 밤말은 쥐가 듣고.

무소유

내 것이 네 것이듯
네 것도 내 것이듯

아무것도 갖지 않는다는 것이 아니라, 궁색한 빈털터리가 되는 것이 아니다. 필요한 것만 가지되 욕심을 내지 말고, 불필요한 것을 갖지 않는다는 뜻이다. 남에게 피해주는 일을 하지 않는다는 것, 욕심 없이 검소하고 성실하게 사는 것이다.

내 것도 부처님 것이고,
버린 것도 비운 것도.

* 사설시조

꽃들의 시샘

가을을 바라보며 꽃들은 기대한다.
아름답게 피었을 때 그 모습과 다른 생명
가을에 열리는 과일, 새로운 맛 나눈다

대통령이 되기까지

가난을 이겨내려 남보다 노력했다.
못 배워 밤을 새워 공부하는 나날들,
고통과 중상모략에도 인내심을 길렀다.

은혜

세월호 참사 때 자기 목숨 던져가며
많은 사람 구한 은인, 자식 걱정 울음보
슬픈 일 괴로운 일을 오래도록 못 잊다.

그 사람 친구를 보면 안다

어울리는 사람 보면
그 사람을 알게 된다.

공들이면 정겨워지는.
친구는 재산이다.

산짐승
날짐승들도
유유상종 함께 산다.

핸드폰

몇 십 년 전 젊은이는
어른에게 인사했지.

요즘엔 휴대폰에
고개 숙여 인사하네.

시대가
달라진다고
인사 대상 바뀌나?

가을 방생

불갑사 천년 고찰
상사초가 유명하다.

단풍도 아름다워
한 폭의 그림이다.

고촉사
방생 신도들
마음 비운 보살행.

* 불갑사에서 점심공양을 일찍이 마치고 백제불교 최초 도래지 마라난타사를 가다. 전법의 신승 마라난타 존자는 인도 출신의 승려다. 384년에 도래하였으며 이러한 사실은 삼국사기 삼국유사 해동전에 기록되었다. 백제불교가 빠르게 널리 전파 되었으며 불교문화에 서막이 열리게 된 것이다. 고촉사 방생은 바다의 물이 빠져나가고 없는 데서 방생법회가 성대히 거행되었으며 마라난타사가 생긴 이래 처음 성대한 행사였다고 거주하는 스님의 말이었다.

6부

삶이 그대를 괴롭혀도

소나무는 자기가
푸른 것을 모르고

단풍든 나뭇잎을
아름답다 질투하네.

나무들
월동 준비도
필요 없는 푸른 기상.

자주 내리는 봄비

봄비는 만물들이 움트는 좋은 계절
꽃이 핀 나무들은 긴장하는 수난 시기
수정이 되지 않으면 열매가 안 맺힌다.

말과 시간

시간은 멈추거나
더디게 가지 않는다.

우리가 하는 말은
주워 담지 못한다.

이 둘은
저축하지도
선물하지도 못한다.

포대화상

사람마다 자기 그릇 스스로 만든다.

커다란 포대 자루를 메고 다닌다고 하여 포대화상이라 하며, 자루 속에는 중생이 원하는 것이라면 무엇이든지 꺼내주시고, 천하를 다 포용할 수 있다며, 커다란 배와 활짝 웃는 포대화상 미륵불의 화신으로 알려져, 중생에 복을 나누어 준다며 복의 달마라고 불리기도 하고, 복을 상징하는 모습이다. 특히 지극정성으로 빌면 모든 일이 잘되어 무병장수 부귀영화 재수 대통 사업 번창, 원하는 모든 일들이 소원성취 된다.

그래도 자기 본분은 자신만이 가꾼다.

* 사설시조

탑돌이

탑돌이를 할 때마다
소원을 빌어본다.

궁금하여 기다려도
대답을 못 듣는다.

저 하늘
별들 사이에
반짝이게 두었을까?

고촉사 미륵불

천년의 푸른 얼이 스며있는 고촉사

짙은 향기 떠날 줄 모르고, 억겁의 침묵으로 천년을 지나 오늘을 다시 본다. 무언으로 서있는 자연 미륵불 저 앞에 목탁소리, 귀를 기울이면 신비스런 설법이 들리는 듯 끝없이 겹치는 세월, 산사의 신록이 우거진 햇살 시시각각 새롭고 햇빛도 눈감으면 깜깜한 밤중이나 다름없다. 등불 밝히면 앞이 환이 보인다. 먹구름 벼락소리 태연한 자세로 몇 만 년을 버텨온 미륵바위, 해가 가고 달이 가고 바람이 불어도 아득히 쌓인 침묵 그 뜻이 무상하다.

고촉사 찾은 이마다 영험 주신 부처님.

* 사설시조

몰랐던 시절이 행복했지

아무것도 모르던 그 시절이 행복했지.
어둠을 헤쳐 가며 열심히 뛰었었지.
시루봉 가는 길에 목탁소리 높았지.

백수도 명함이 있는가

현직들은 당당하게 명함을 보인다.
회사를 옮기거나 직책이 바뀔 때,
백수가 되면서부터 명함조차 없었다.

인간과 기계의 대결

세상에 컴퓨터가 사람에게 도전했다.

이세돌 9단과 인공지능 알파고가 벌이고 있는 바둑 대회가 관심사다. 당연히 이세돌 9단이 낙승할 줄 알았었는데, 사람이 두지 않았던 수를 알파고가 두었으며, 이제껏 사람이 둔 적이 없는 수를 둔 것이라면, 상상 밖의 두려움다. 때로는 우리가 알지도 못하는 사이 중요한 분기점을 지나는 순간이 있었다. 아무리 기계가 발전할지라도 그것으로 대신할 수 없는 인간다움이 무엇인지 고민하는 계기가 되었으리라.

앞으로 기계에게도 절을 하지 않을까?

* 사설시조

원하는 것이 뜻대로 안 될 때

부모가 어린 자식 무차별 학대했다.
자식이 잘되라는 부모를 죽였다.
세상사 뜻대로 안 되면, 부처님께 절하라.

삶이 그대를 괴롭혀도

삶이란 그대를 괴롭히고 속일지라도
마음만은 미래를 바라보며 생각하라.
현재는 한없이 괴롭고 우울해도 참으라.

절망하지 말아라. 인내심으로 견뎌라.
슬픔이 지나가면 소중한 날 만나려니
행복은 순간에 온다. 언제나 준비하라.

소나무

소나무는 자기가
푸른 것을 모르고

단풍든 나뭇잎을
아름답다 질투하네.

나무들
월동 준비도
필요 없는 푸른 기상.

빈손으로 가는 인생

행복 찾아 험한 길,
산을 넘고 물을 건너

만고풍상 겪으면서
가난도 이겨내고

병고도 물리치다가
빈손으로 가는 삶.

해맞이 삼일기도

병신년 해맞이
삼일기도 시작한다.

일찍 찾아 오시는 분
생강차를 대접한다.

시루봉
해맞이 기도
건강 행복 한 아름.

나라마다 역사가 있다

영토를 넓히기 위해 나라마다 용을 쓴다.
수단과 온갖 방법 어지럽게 돌고 있다.
우리도 36년 동안 일본놈의 종살이.

우리의 말과 글로 어려움을 이겨냈다.
우리의 혼을 찾아 쪽발이를 무찔렀다.
아직도 갈라진 나라, 부끄러운 총부리.

코스모스

코스모스 핀 길은
그리움이 샘솟는다.

찬바람이 불어와도
손 흔들며 맞이한다.

세월이
흘러갈수록
멕시코를 잊을까?

* 코스모스는 멕시코가 원산지라고 한다.

길을 묻는 이에게

아침 햇살 밝으면
저녁노을 깊어진다.

황금을 보기를
돌같이 대하라.

걸어온
내 발자국은
후손들의 이정표.

* 둘째 수(중장)는 최영 장군의 아버지 말씀이고, 셋째 수(종장)은 김구 선생님 말씀이다.

장작

고촉사 오르막길
고목나무 쓰러졌다.

사람들이 몰려와서
길을 트고 옮겼다.

한 겨울
땔나무로 쓰게
장작으로 패놓았다.

남을 미워하지 마라

어렸을 때 천방지축
사고뭉치 아이도

잘 자라며 공부하면
스스로 깨우친다.

선행을
실천하여라.
남의 허물 덮어 두고.

비를 기다리며

몇 달 간 가물어서
논바닥이 갈라졌다.

벼 포기가 타들어가
가슴도 금이 간다.

장마를
실종신고 한다.
찾은 분께 후사한다.

엄마의 세월

딸 둘에 아들 하나
금메달이 분명하고

딸 하나 아들 하나면
은메달이 분명하다.

아들을 두 명 낳으면
동메달에 머문다.

발문

인연은 단순하지가 않아서
간명하게 정리할 수 있는 것은 아니지만,
특정 성향에 따라 비유와 상징을 원용하여
간접적으로 궁구(窮究)할 수 있다.
김창규 시인은 '거미줄'의 이미지를 원용하여,
복잡하게 짜인 인연을 비유적으로 밝힌다.

〈 발문 〉

겨레시에 담긴 처처불심의 미학

— 김창규 시조집 『고촉사의 범종소리』 감상기

문학평론가 리 헌 석
(사) 문학사랑협의회 이사장

1. 고촉사 범종소리를 들으며

김창규 시인은 대전광역시 중구 보문산에 위치한 고촉사의 신도회장이다. 1년 내내 절의 대소사를 주관하는 분이다. 시집을 3권이나 발간하여 시인으로 널리 알려진 분이다.

2011년에 첫 시집 『시루봉 가는 길』을 발간하였는데, 그가 봉직하고 있는 고촉사 바로 위 봉우리가 시루봉이다. 2013년에도 그는 시집 『산사의 목탁소리』를 발간하였는데, 여기에서 '산사'는 고촉사를 지칭한다. 2015년에도 시집 『고촉사 소나무』를 발간하였는데, 고촉사 중심의 정서를 독자들과 공유한다.

이후 우리 겨레시로서의 시조(時調)와 운명적인 만남이

이루어진다. 겨레의 혼이 담긴 정형성에 매료되어 본격적으로 시조 창작에 나선다. 오랜 기간 시 창작에만 힘쓰던 그가 시조를 빚기 시작하면서 등단에 대한 의지를 다진다. 시조집 1권 분량이 넘는 100여 편을 문학전문지 『문학사랑』 2018년 봄호에 응모하여 당선한다. 이렇게 등단한 작품을 포함하여 시조 120편으로 첫 시조집(4시집) 『고촉사 범종소리』를 발간한다.

우거진 산길 따라
두들기는 딱따구리/
먹이 찾아 옮겨 가며
숲속을 헤매다가/
고촉사/ 범종소리에
잠시 잠간 쉬어간다.

시루봉 오르는 길
부처님께 합장하고/
도심에서 얻은 번뇌
산바람에 씻는데/
울창한/ 소나무 향기
종소리를 가꾼다.

— 「고촉사 범종소리」 전문

이 작품을 감상하면 고촉사의 정경이 여실하게 떠오른다. 독자들로 하여금 상상력을 발휘하게 하여 마음에 독자 나름의 고촉사를 짓게 만든다.

고촉사가 있는 보문산 기슭, 우거진 나무에서 딱따구리들이 먹이 사냥을 한다. 나무 둥치와 껍데기 사이에 있는

벌레를 찾아내기도 하고, 썩은 나무를 쪼아 벌레를 잡아 먹기 위한 삶의 투쟁이다. 그 엄혹한 삶의 현장에 있는 딱따구리도 고촉사 범종소리가 들리면 잠시 숙연한 자세를 취한다는 것이다. 이는 시인의 상상력이 빚은 형상화일 터이지만, 시 자체가 상상력의 소산이다. 특히 둘째 수의 종장에서 〈울창한 소나무(의) 향기(가) 종소리를 가꾼다.〉는 발상은 찬탄할 정도로 뛰어난 비유이며, 이런 표현이 김창규 시인을 시인답게 한다.

자유시를 빚던 시인이 우리 민족시로서의 시조 창작에 나선 것은 고마운 일이다. 우리 문학의 전통을 되살리고, 우리의 정체성을 확립하려는 자세가 투영되어 있기 때문이다. 우리 문학의 고유한 영역에서 좋은 작품을 창작한다면, 이는 민족정신을 진작하는 애국애족의 실천이기도 하다. 이러한 형식에 불심을 담아도 좋을 터이고, 생활 속의 소소한 정서를 담아내는 것도 의미가 클 것이다.

2. 자연에서 삶의 이치를 찾아

김창규 시인은 자연과 동화되어 살아가는 것 같다. 보문산 공원에 위치한 산사(山寺)에서 생활하기 때문에 자연스럽게 사물에 대한 정밀한 관찰과 따스한 관심을 갖게 된 것 같다.

이런 생활을 오래 반복하면서, 시인과 자연은 둘이 아니라 하나라는 불이(不二)의 깨달음, 혹은 물아일체(物我

一體)의 경지, 나아가 일체유심조(一切唯心造)의 경지가 작품에 투영되어 나타난다.

시집 『산사의 목탁소리』에 수록된 「지수화풍」은 '자연'의 대유적 '부분집합'일 터이다. 이는 사람의 육신을 형성하고 있는 4대 요소이면서, 불가(佛家)에서 말하는 4대(四大) 요소이기도 하여, 지수화풍(地水火風)은 우주 만물의 구성요소로 기능한다. 이러한 관점에서 보면, 시인이 인식하는 지수화풍은 '자연'의 보조관념으로 보아도 무리가 없다.

땅과 물, 그리고 불과 바람은 지상에서 만나는 자연의 대표적 구성체라는 의미를 띤다. 작품에서 시인은 〈방울방울 떨어지는/ 빗방울 속에 한 몸이 되어/ 나의 형체는 흘러흘러/ 개울이 되고/ 시내가 되고/ 강물이 되고/ 바다〉가 된다고 노래한다. 시인은 자신의 정서를 '빗방울'에 의탁하고 있다. 그 내면적 본질은 물과 시인의 복합체이며. 그것은 개울-시내-강-바다-구름으로 순환되는 자연계의 구체화이며, 이는 불교의 인연설과 닿아 있다. 이와 같은 인식을 바탕으로 빚어진 작품도 산견(散見)되고, 특정 사물에 의탁하여 내면을 반영한 작품도 여러 편이다.

다음 작품은 '자벌레'에 대한 세밀한 관찰을 바탕으로 지은 작품이다. 눈에 뜨이지 않을 정도의 현상에도 시인의 예민한 더듬이는 반응하게 마련이고, 그 반응이 작품으로 거듭난다. 즉 자벌레의 움직임이 때로는 '사람살이'를 비유하는 놀라운 발견이기도 하다.

나뭇가지 우거진 곳
자벌레 떼 늘어서서/
누가 빨리 달려가나
경주가 벌어졌다./
온몸을/ 길게 펼쳤다가
움츠리길 반복한다.

첫 여름 바람결에
소스라쳐 놀라다가/
몇 시간 달려갔다,
지나간 길 다시 온다./
승자도/ 패자도 없는
왔다 갔다 그 자리.

—「자벌레 경주」 전문

여름의 산록에서는 어렵지 않게 자벌레를 목격할 수 있다. 가늘고 긴 몸으로 기어가는 모습이 포목점에서 자(尺)로 천의 '길이'를 재는 모습과 유사하여 붙여진 이름이 '자벌레'다.

자벌레는 ①꼬리 부분을 나무의 가지나 잎에 밀착시킨 후, ②머리 부분을 들어 올려 좌우와 전후를 확인한 뒤, ③몸을 쭉 벋어 나무의 가지나 잎에 댄다. ④이어서 꼬리 부분을 들어 움츠린 다음, ⑤머리 부분 바로 뒤 가까운 지점에 꼬리를 대어 '둥근 몸체'를 만든다.

이런 행위를 지속적으로 반복하여 앞으로 나가거나, 옆으로 비틀며 나가기도 한다. 머리를 들어 주위를 살펴도 닿을 부분이 없으면 오던 길로 돌아간다. 때로는 처음 그 자리로 돌아오기도 하여, 몇 시간의 자벌레 공력(功力)이

'허사'가 되기도 한다.

이와 같은 '자벌레'의 움직임을 알아야 이 작품을 이해하게 된다. 〈첫 여름 바람결에/ 소스라쳐 놀라다가〉는 자벌레가 머리를 들었을 때 바람이 불면, 바람에 흔들리는 것처럼 보인다. 자벌레가 진행을 하다가, 닿을 곳을 찾지 못하면 돌아오기 때문에 〈몇 시간 달려갔다〉가 〈지나간 길〉로 다시 돌아오기도 한다. 이때 시인은 〈승자도/ 패자도 없는/ 왔다 갔다 그 자리.〉라는 깨달음에 이른다.

시인의 깨달음에 의한 형상화이지만, 이는 정치 사회 문화 여러 분야에서 벌어지고 있는 '의미 없는 경쟁과 다툼'으로 승화되는 상징적 의미를 띤다.

3. 인연에 따른 행복론 서설

태어나고 성장하여 자기 역할을 다한 후에 사멸(死滅)에 이르는 것을 인연이라 한다. 전생에 지은 업(業)에 따라 인(因)이 발생하고, 이 바탕에 다시 여러 조건이 결합하여 연(緣)을 맺으며, 이 과정을 인과(因果)라고 한다. 이러한 업과(業果)와 업연(業緣)이 반복하여 윤회(輪回)가 성립한다. 그리하여 선과(善果)를 지으면 선연(善緣)으로 보상받고, 악과(惡果)를 지으면 악연(惡緣)으로 돌려받는다는 것이다.

인연은 단순하지가 않아서 간명하게 정리할 수 있는 것은 아니지만, 특정 성향에 따라 비유와 상징을 원용하여

간접적으로 궁구(窮究)할 수 있다. 김창규 시인은 '거미줄'의 이미지를 원용하여, 복잡하게 짜인 인연을 비유적으로 밝힌다.

잡은 듯, 놓친 듯
인연은 거미줄이다.

애달픈 사연을 듣는다. '얼마나 고생이 많았을까, 얼마나 고통스러웠을까. 치매 걸린 시어머니 병수발에 가난이 겹쳐 마음대로 못하는 심정이 어떠했을까.' 살다보면 뜻대로 안 되는 일 너무 많아 괴롭다. '집집마다 행복도 찾아오고, 불행도 찾아오는 법, 잘 산다고 모두 즐거운 것은 아닐지니, 스스로 만족을 느끼면 기쁨이고 행복이리니, 서로 이해하고 합심하면 이승이 극락이리니.'

애달픈 사연 듣는데
어머니가 보인다.

— 「행복 인연론」 전문

이 작품은 사설시조이다. 인연에도 갑과 을이 존재한다. 거미줄에서는 거미가 '갑'일 터이고, 포착된 나비나 잠자리 등은 '을'일 터이다. 거미줄과 같이 복잡하게 얽혀서 살아가는 우리들의 삶을 비유한 작품이다.

시인은 고촉사를 찾아온 신도들로부터 많은 이야기를 듣는다. 내면의 갈등을 풀기 위해 산사를 찾은 사람들은 자신의 이야기를 풀어내는 것만으로도, 즉 자신의 이야기를 누군가 들어주는 것만으로도, 가슴에 맺힌 한(恨)이 좀 풀린다고 한다.

시인이 들은 이야기 중에 가난하여 시어머니에게 효도를 다하지 못한 며느리의 푸념어린 신세 한탄이 있었던가 보다. 그 이야기를 들으며 시인은 소천하신 '어머니'를 추억한다. 이 작품은 단시조에 담을 수 없을 정도로 넘치는 이야기를 중장에 담아 삶의 고단함을 진술하고 있는데, 마음먹기에 따라 행복할 수 있다고 주장한다.

우리 선조들은 3-4조 중심의 시가(詩歌)를 지어 뜻과 정서를 나누었다. 3음절이나 4음절이 반복되면 외형률(外形律)이 생성된다. 조선시대의 '가사(歌詞, 歌辭)'는 3-4조, 혹은 4-4조나 4-3조 등이 길게 진행된 후에 시조의 3-5-4-3 형식으로 맺은 작품이 주종이다.

이를 세련되게 정제한 것이 평시조 형식이다. 주지하는 것처럼 '평시조'는 3-4-3-4/ 3-4-3-4/ 3-5-4-3 음절로 이루어진 우리 고유의 시가 양식이다. 이를 반복하면 '연시조'가 되는데, 장별배행(章別排行) 연시조와 구별배행(句別排行) 연시조 등이 있다.

연시조와 달리 평시조 구성에 중장을 사설로 자유롭게 늘인 것이 '사설시조'인데, 조선시대 말경에 서민들이 참여하여 문학사에 작품을 남기었다. 때로는 선비들도 단시조의 정형성과 단조로움을 극복하기 위해 창작하였는데, 실명을 밝힌 경우도 있고, 익명을 선택한 경우도 산견된다. 김창규 시인도 시조 형식의 단조로움을 피하기 위하여, 긴 서술에 자신의 내면을 담아내기도 한다.

4. 꽃을 통한 동심이 오롯하다

김창규 시인은 처처불심(處處佛心)을 내면화하고 있다. 특히 자신이 봉직하고 있는 고촉사에 대한 정서는 거의 절대성을 띤다.

「보문산 고촉사」에서 시인은 〈길 골짝 오솔길을/ 바람 따라 오르면/ 하늘 높은 나무들이/ 길에 서서 맞는다.〉면서, 〈외롭고/ 답답한 사람들(의)/ 기도 도량 고촉사〉를 예찬한다. 이때 〈은은하게 들려오는/ 산사의 목탁소리/ 자비가 쌓여 있고/ 정성이 펼쳐 있다.〉면서 〈나무 숲/ 예불소리에/ 마음 여는 종소리〉를 통해 자신의 불심을 정화한다.

마음을 맑게 하는 요인으로 꽃이 등장한다. 「시골의 봄」에서 시인은 〈어느 곳을 가거나 꽃들이 맞이한다./ 산수유 개동백에 살구꽃 진달래가/ 꽃 속에 노래를 담아. 손짓하는 시골길〉이라고 노래한다. 봄에 만나는 산수유, 동백꽃, 살구꽃, 진달래 등이 손짓하는 것으로 구체화한다. 이들을 만나는 시골길이 정겹고 아름답다는 정서적 표현이다.

자연에서 스스로 피어나는 꽃도 반갑지만, 시인 스스로 심고 가꾼 꽃에서 서정적 진실은 더욱 살갑게 마련이다.

대웅전 앞뜰에도
국화꽃을 심었다.

하늘 아래 보문산에
가을 아씨 납시었다.

꽃배추
함께 앉아서
공기놀이 하는 걸까?

— 「국화꽃과 꽃배추」 전문

이 작품은 근경-원경-근경을 통한 구성, 그리고 중장의 '의인법'과 종장의 '동심'에 의해 놀라운 형상화를 이룬다. 〈대웅전 앞뜰에도/ 국화꽃을 심었다.〉에서 '도'는 다른 곳에도 국화꽃을 심었고, 대웅전 앞뜰에도 심었다는 확장성을 띤다. 중장의 〈하늘 아래 보문산에/ 가을 아씨 납시었다.〉의 '가을 아씨'는 활유법이자 의인법의 원용이다. 한편 이 작품은 종장의 '동심'이 정서의 핵(核)을 이룬다. 국화꽃과 함께 꽃배추도 심었는데, 이들이 둘러앉아서 공기놀이를 하고 있다는 발상은 참으로 신선하다. 자연스럽게 전개되던 시상이 돈강법(頓降法)을 활용하여 하강할 때의 떨림을 생성한다.

시인은 때로 시조에 자신을 담아내기도 한다. 아내와 자신의 관계망에서 서로 믿고 염려하는 신실한 관계를 투영한 작품에서 애잔한 사랑을 공유하게 한다.

머리에 수술 마친
집사람이 부탁한다.

"일찍 갈지 모르니
밥하는 연습해요."

아내의
충언을 따르며
뒷바라지 힘들다.

—「평범한 부부의 이야기」 전문

머리를 수술한 아내는 자신의 병환 중에도 남편을 걱정한다. 자신이 이승을 떠나면, 남편 혼자 남아 의식주 등으로 고생할 것을 염려한다. 시인은 그 충고를 받아들여 스스로 조석반(朝夕飯)을 지으며, 고축사 일을 수행하느라 힘이 들지만, 신심과 사랑으로 극복한다.

〈이제 8학년(8십대 노년)이 넘었으니 힘이 든다. 걱정하는 아내를 이해하면서도 나 역시 아내를 걱정한다.〉고 역지사지(易地思之)하는 심경을 진술한다. 이와 같이 서로 걱정하고, 사랑하며 사는 것이 아름답고 오롯한 삶일터, 이러한 삶을 작품으로 빚어 시조의 발전에 이바지하리라 믿는다. 이런 믿음으로 김창규 시인의 시조집 작품 기행을 접는다.

고축사 범종소리

김창규 시조집

발 행 일 | 2018년 3월 5일
지 은 이 | 김창규
발 행 인 | 李憲錫
발 행 처 | 오늘의문학사
출판등록 | 제55호(1993년 6월 23일)
주소 | 대전광역시 동구 대전로 867번길 52(한밭오피스텔 401호)
전화번호 | (042)624-2980
팩시밀리 | (042)628-2983
전자우편 | hs2980@hanmail.net
카페 | cafe.daum.net/gljang(문학사랑 글짱들)
cafe.daum.net/art-i-ma(아트매거진)

공 급 처 | 한국출판협동조합
주문전화 | (070)7119-1752
팩시밀리 | (031)944-8234~6

ISBN 978-89-5669-899-1
값 9,000원

* 이 책은 교보문고에서 E-Book(전자책)으로 제작 · 판매합니다.